Sut mae defnyddio'r pecyn a gweithredu'r strategaeth yn y dosbarth?

Gweithredir Darllen Cilyddol neu Ddarllen Tîm i greu system benodol i'r dull darllen dan arweiniad

- Efallai bydd angen ymarfer y sgiliau a'r strategaethau sy'n cael eu hyrwyddo drwy'r rolau mewn sesiynau dyddiol yn gyntaf, cyn ymgymryd â'r gwaith o ddarllen y llyfr.

- Pan mae'r dysgwyr yn deall y strategaethau, dewiswch y tîm a phennwch Rhagfynegwr, Esboniwr, Cwestiynwr a Chrynhowr. (Yr athro fydd yr Arweinydd wrth i'r drefn gael ei sefydlu yn yr ysgol. Fodd bynnag, wrth i'r dysgwyr ymgyfarwyddo ac aeddfedu gellir pennu dysgwr yn Arweinydd).

- Trafodwch yn gryno beth yw gofynion pob rôl gan egluro y bydd pawb yn cymryd rhan yn y drafodaeth wedi i ddeilydd y rôl gychwyn y drafodaeth. Esboniwch mai tîm ydy'r grŵp, ac mai cyfrifoldeb pob aelod ohono yw sicrhau ei fod ef ei hunan, yn ogystal ag aelodau eraill o'r tîm, yn deall y testun.

- Gall pob aelod ddarllen rhan o'r testun yn ei dro tra mae'r gweddill yn ei ddilyn. Dylid pwyllo ac annog trafodaeth pan welwch eicon y Rhagfynegwr, Esboniwr, Cwestiynwr, neu Grynhowr yn ymddangos ar y dudalen.

- Gall yr arweinydd sbarduno trafodaeth ehangach gan annog defnydd o sgiliau cymharu, aralleirio, creu delweddau, cydymdeimlo, gwneud cysylltiadau a chymharu gyda thestunau eraill pan fo hynny'n briodol.

- Mae cyfle ar ddiwedd y llyfr i annog dysgwyr i ymarfer eu sgiliau siarad a gwrando drwy "Dweud dy ddweud" a dwyn i gof rai o'r ffeithiau maent wedi eu dysgu ar ôl ei ddarllen.

Cynnwys

America ar Ddechrau'r

Cefndir

Wrth i mi edrych ar y cliwiau, rydw i'n meddwl bydd y testun yn sôn am...

Ganwyd Paul Robeson yn Princeton, New Jersey ar Ebrill y 9fed, 1898. Roedd yn athletwr, canwr, actor ac ymgyrchwr dros hawliau pobl a hynny yn ystod cyfnod o heriau mawr.

Roedd y 19eg ganrif wedi gweld llawer o ymfudo i America a theuluoedd wedi cael eu hudo yno gan addewid o fywyd gwell ar ôl cyrraedd. Oherwydd hyn roedd pobl o sawl gwlad, hil a chrefydd yn byw yno.

Oes yna eiriau dieithr i chi neu oes yna ran sy'n ddryslyd?

Caethwasiaeth

Un nodwedd greulon iawn o'r cyfnod hwn oedd caethwasiaeth. Roedd pobl ddu o wledydd Affrica yn cael eu cipio o'u cartrefi a'u danfon ar fordaith bell i America lle roeddent yn cael eu camdrin a'u gorfodi i weithio ym mhlanigfeydd y bobl wyn gyfoethog.

Ugeinfed Ganrif

Bywyd y Caethweision

Doedd y bobl ddu ddim yn cael cymysgu o gwbl gyda'r bobl wyn. Doedden nhw ddim yn derbyn cyflog ariannol am eu gwaith ac roedd amodau byw yn anodd iawn iddynt. Roedd y rhan fwyaf ohonynt yn byw yn nhaleithiau deheuol America, e.e. yn Mississippi a Tennessee.

Oes gan unrhyw un gwestiwn am yr hyn rydych wedi ei ddarllen?

Beth yw Hiliaeth

Ydych chi'n gwybod beth yw ystyr "hiliaeth"? Os na, allwch chi ddyfalu? Edrychwch yn y geiriadur i weld beth yw ystyr "hil", efallai bydd hyn yn eich helpu.

Cyfreithiau Jim Crow

Roedd y cyfreithiau hyn yn mynnu 'Arwahanrwydd'. Mewn geiriau eraill roedden nhw'n mynnu bod pobl wyn a du yn cael eu cadw ar wahân.

Erbyn hyn rydym yn gwybod bod...

Ym mha ffyrdd roedd y bobl ddu yn cael eu gwahanu

- Doedden nhw ddim yn cael mynychu yr un ysgolion, ac roedd ysgolion y bobl ddu yn waeth eu safon.
- Roedd llefydd gwahanol iddynt sefyll neu eistedd mewn mannau cyhoeddus.
- Roedd rhaid iddynt gael eu trin mewn ysbytai gwahanol.
- Rhoddwyd mannau penodol yn y trefi a'r dinasoedd wedi eu marcio 'Du yn unig' a 'Gwyn yn unig'.

 Defnyddiwch eich sgil o lithrddarllen i ddod o hyd i...

Heriau?

Allwch chi feddwl pa fath o heriau fyddai'n wynebu Paul Robeson wrth iddo dyfu'n ddyn?

Wrth i mi edrych ar y cliwiau, rydw i'n meddwl bydd y testun yn sôn am...

Bywyd Cynnar

Caethwas oedd tad Paul Robeson ac felly roedd y teulu'n llwyr ymwybodol o galedi bywyd. Ond llwyddodd ei dad i ddianc a chael ei hyfforddi i fod yn weinidog. Roedd mam Paul Robeson yn wraig ddeallus a galluog, ond pan oedd Paul yn 6 mlwydd oed bu hi farw mewn damwain tân yn y gegin. Gweithiodd Paul yn galed yn yr ysgol. Roedd e'n fachgen disglair ac yn athletwr heb ei ail. Roedd e'n gallu chwarae pêl-droed Americanaidd yn ardderchog. Fodd bynnag, roedd llawer o'i gyd-ddisgyblion yn greulon tuag ato, gan alw enwau arno a cheisio'i fwrw. Ond doedd Paul byth yn colli'i dymer nac yn bwrw 'nôl.

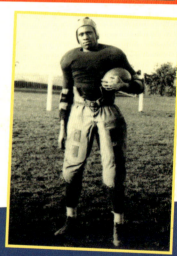

Prifysgol

Yn 1915 enillodd Paul Robeson ysgoloriaeth i fynd i Brifysgol Rutgers, ac yna, yn 1919 cafodd le yn Ysgol y Gyfraith, Columbia. Erbyn hyn roedd e'n chwarae i'r Gynghrair Bêl-droed Genedlaethol. Ond pan adawodd y coleg a dechrau gweithio fel cyfreithiwr, gwelodd Paul Robeson unwaith eto sut yr oedd rhai yn trin pobl ddu yn greulon.

Oes yna eiriau dieithr i chi neu oes yna ran sy'n ddryslyd?

Hiliaeth

Oes gan unrhyw un gwestiwn am yr hyn rydych wedi ei ddarllen?

Dyma rai esiamplau o hiliaeth y cyfnod:

- Byddai pobl ddu yn cael eu taflu allan o fwytai
- Roedd disgwyl i rywun du roi ei sedd ar fws i rywun gwyn a sefyll drwy'r daith
- Doedd dim hawl gan bobl ddu eistedd yn seddi blaen y theatr.

Rosa Parks

Yn 1955 gwrthododd gwraig o'r enw Rosa Parks roi ei sedd ar fws i rywun gwyn a chafodd ei harestio gan yr heddlu.

Erbyn hyn rydym yn gwybod bod...

Enwogrwydd

Wedi methu cael ei dderbyn yn swyddfa'r cyfreithwyr oherwydd lliw ei groen, aeth Paul Robeson i fyd y theatr. Roedd e'n actor penigamp ac roedd ganddo lais canu rhyfeddol.

The Proud Valley

Un o ffilmiau mwyaf enwog Paul Robeson yw *The Proud Valley* (1940). Ffilm am lowyr Cymru yw'r ffilm hon. Mae Paul Robeson yn actio'r prif gymeriad, sef David Goliath. Dyn du yw David Goliath sy'n dod i dde Cymru i chwilio am waith. Mae'n ymuno â chôr ac mae ei lais gwych yn golygu bod y côr yn ennill cystadleuaeth fawr. Mae'r ffilm yn dangos sut y gall pobl fyw gyda'i gilydd waeth beth yw lliw eu croen.

Defnyddiwch eich sgil o lithrddarllen i ddod o hyd i...

Helpu Eraill: Paul Robeson

Beth ydych chi'n meddwl yw ystyr y gair 'hawl'?

Wrth i mi edrych ar y cliwiau, rydw i'n meddwl bydd y testun yn sôn am…

Oes yna eiriau dieithr i chi neu oes yna ran sy'n ddryslyd?

Helpu Eraill

Roedd Paul Robeson bob amser yn ffrind i'r bobl oedd yn cael cam. Roedd e'n barod i ymladd dros hawliau pobl eraill. Roedd e'n credu bod pawb yn frawd ac yn chwaer i'w gilydd, ac roedd ganddo ddiddordeb yn beth oedd yn digwydd i bobloedd ar draws y byd i gyd. Dechreuodd cysylltiad Paul Robeson â Chymru o gwmpas yr un adeg ag y dechreuodd ef sylwi ar sut roedd eraill yn dioddef cam hefyd. Ymunodd â glowyr o Gymru ar orymdaith brotest yn 1929, a dyma oedd un o'r achosion cyntaf ohono'n ymladd dros hawliau pobl eraill, ac o'r digwyddiad hwn tyfodd ei berthynas â Chymru.

Beth ydych chi'n meddwl yw ystyr 'cael cam'? Fedrwch chi feddwl am enghreifftiau eraill o bobl yn cael cam?

Trafodwch y llun a welwch isod o Paul Robeson yn arwain protest. Chwiliwch am wybodaeth yn ymwneud â'r pwyntiau ar eu placardiau.

Oes gan unrhyw un gwestiwn am yr hyn rydych wedi ei ddarllen?

Mae llawer o bobl yn protestio am lawer o wahanol resymau. Fedrwch chi feddwl am enghrefftiau o bobl yn protestio yma yng Nghymru y dyddiau hyn neu yn y gorffennol? Tybed beth fyddai ar y placardiau?

Erbyn hyn rydym yn gwybod bod...

Paul Robeson a Chymru

Roedd Paul Robeson wedi bod yn perfformio ar lwyfan yn y West End yn Llundain, pan glywodd leisiau ar y stryd islaw.
Aeth allan i wrando.
Glowyr o Dde Cymru oedd yno. Roedden nhw wedi cerdded yr holl ffordd i Lundain i geisio tynnu sylw at y diffyg gwaith a'r amodau byw anodd oedd yn ardaloedd y pyllau glo. Gwrandawodd Paul Robeson yn astud arnyn nhw. Cerddodd a chanodd gyda nhw. Roedd e'n cydymdeimlo â nhw, a sicrhaodd fod cerbyd trên yn llawn nwyddau a bwyd yn eu cludo adref yr holl ffordd i Gymru. O'r eiliad honno, daeth y Cymry a Paul Robeson yn ffrindiau mawr.

Defnyddiwch eich sgil o lithrddarllen i ddod o hyd i...

Paul Robeson a Phorthcawl

Porthcawl

Wrth i mi edrych ar y cliwiau, rydw i'n meddwl bydd y testun yn sôn am...

Tyfodd Porthcawl fel porthladd pwysig i'r diwydiant glo yn ystod y 19eg ganrif, yna gyda datblygiad porthladdoedd cyfagos tyfodd Porthcawl fel tref glan-y-môr boblogaidd i dwristiaid yn ystod Oes Fictoria. Adeiladwyd promenâd yno yn 1887, ac yn 1932 agorwyd y pafiliwn a ddaeth yn ganolfan i nifer o sioeau a chyngherddau dros y blynyddoedd.

Mae'r traeth bendigedig, y ffair a'r cystadlaethau syrffio ar ewyn y don yn denu twristiaid i'r ardal hyd heddiw. Bu'n gyrchfan boblogaidd i dripiau ysgolion Sul capeli ac eglwysi de Cymru ers y ganrif ddiwethaf.

Eisteddfod y Glowyr

Roedd eisteddfodau lleol yn ddigwyddiadau hynod o boblogaidd ar hyd a lled Cymru yn ystod y ganrif ddiwethaf ac mae nifer yn parhau hyd heddiw. Roedd Eisteddfod y Glowyr yn cael ei chynnal yn flynyddol ym Mhorthcawl ac roedd yn ddigwyddiad cyffrous iawn yn yr ardal, gyda chorau meibion poblogaidd yn cystadlu.

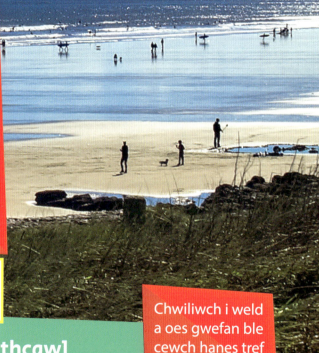

Oes yna eiriau dieithr i chi neu oes yna ran sy'n ddryslyd?

Chwiliwch i weld a oes gwefan ble cewch hanes tref Porthcawl.

Cyffro ym Mhorthcawl

Roedd tipyn o gyffro yn ardal Porthcawl! Roedd trefnwyr Eisteddfod y Glowyr 1957 wedi gwahodd y canwr byd-enwog, Paul Robeson, yr holl ffordd o America i ganu yn yr Eisteddfod. Roedd pob tocyn wedi ei werthu a'r pafiliwn yn orlawn.

Siom enfawr!

Oes gan unrhyw un gwestiwn am yr hyn rydych wedi ei ddarllen?

Ond, o, dyna siom! Yn ôl yn yr Unol Daleithiau, roedd yr awdurdodau wedi cipio pasbort Paul Robeson. Doedden nhw ddim yn hapus ei fod e'n dweud ei farn yn gyhoeddus. Doedden nhw ddim yn hoffi rhai o'i syniadau. Doedden nhw ddim yn rhannu'r un syniad y dylai pawb drwy'r byd fod yn ffrindiau.

Problem i'r trefnwyr

Sut oedd y trefnwyr yn mynd i rannu'r newyddion drwg? Sut oedd y trefnwyr yn mynd i ddatrys y broblem? Roedd angen cynllun, a hynny ar frys!
Mae Cefnfor yr Iwerydd yn ymestyn dros 3,000 o filltiroedd rhwng Cymru a'r Unol Daleithiau.
Beth fyddech chi'n ei wneud tybed?
Yr unig obaith oedd y wifren newydd a oedd wedi ei gosod o dan Gefnfor yr Iwerydd yn 1955, a dyma benderfynu ceisio cysylltu â Paul Robeson gan ddefnyddio'r wifren hon.
Prin fod y gynulleidfa'n gallu credu eu clustiau pan ddaeth llais mawr, dwfn eu harwr drwy'r ffôn a thros yr uchelseinydd i lenwi'r pafiliwn!

Erbyn hyn rydym yn gwybod bod...

Defnyddiwch eich sgil o lithrddarllen i ddod o hyd i...

Ymweliad â Chymru

Wrth i mi edrych ar y cliwiau, rydw i'n meddwl bydd y testun yn sôn am...

Eisteddfod Glynebwy 1958

Flwyddyn yn ddiweddarach, yn 1958, cafodd Paul Robeson wahoddiad i ddod i Gymru eto, y tro hwn i'r Eisteddfod Genedlaethol yng Nglynebwy. Erbyn hyn roedd wedi cael ei basbort yn ôl ac wrth siarad gyda phobl Cymru diolchodd iddyn nhw am ei gefnogi drwy'r amser anodd pan oedd e heb ei basbort. Ysbrydolodd yr holl gynulleidfa.

Oes yna eiriau dieithr i chi neu oes yna ran sy'n ddryslyd?

Enillydd Cadair Eisteddfod Glynebwy

Mae seremoni cadeirio bardd buddugol yn yr Eisteddfod Genedlaethol pob blwyddyn. Chwiliwch i weld pwy enillodd y Gadair yn Eisteddfod Glynebwy yn 1958. Mae'n siŵr byddwch wedi clywed amdano!

Oes gan unrhyw un gwestiwn am yr hyn rydych wedi ei ddarllen?

Chwilio a Chwalu

Dyma lun o Paul Robeson yn eistedd yn y gynulleidfa ym mhafiliwn Eisteddfod Genedlaethol Glynebwy. Mae nifer o enwogion o Gymru yn cadw cwmni iddo. Yn ei ymyl mae Aneurin Bevan. Yn y rhes o'i flaen mae'r Archdderwydd Cynan. Ar ben y rhes honno, mae'r bardd T. H. Parry-Williams. Ceisiwch ddod o hyd i wybodaeth am y tri ohonyn nhw.

Cyhoeddi Hunangofiant

Cyhoeddodd Robeson ei hunangofiant *Here I Stand* yn 1958, yr un flwyddyn ag Eisteddfod Genedlaethol Glynebwy. Bu farw yn Philadelphia ar 23 Ionawr 1976.

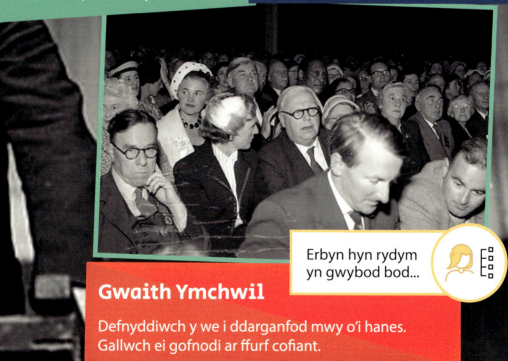

Erbyn hyn rydym yn gwybod bod...

Gwaith Ymchwil

Defnyddiwch y we i ddarganfod mwy o'i hanes. Gallwch ei gofnodi ar ffurf cofiant.

Defnyddiwch eich sgil o lithrddarllen i ddod o hyd i...

Beth wyt ti'n ei wybod am y canlynol?

Caethwasiaeth

Hiliaeth

Bywyd pobl ddu yn America

Addysg Paul Robeson

Ffilmiau Paul Robeson

Sut roedd Paul Robeson yn helpu pobl

Paul Robeson a Chymru

Eisteddfod y Glowyr, Porthcawl

Eisteddfod Glynebwy 1958

Geirfa

arfordir
cael cam
cefnfor
cefnogi
creulon
croen
cyfraith
cyfreithiwr
cynghrair
disglair

gorymdeithio
gwersyll
gwifren
gwrthod
hawl
hiliaeth
pasbort
penigamp
talaith
uchelseinydd
unigryw

Hefyd yn y gyfres ...

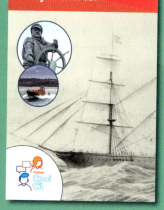

Y Royal Charter

Gafaelwch yn dynn!

Roedd Hydref 26ain yn ddiwrnod a newidiodd bentref bach Moelfre am byth. Tybed a wyddoch chi am hanes y llong stêm a aeth i drafferthion mewn storm fawr oddi ar arfordir gogledd Ynys Môn? Beth oedd y cargo? Sut gafodd y trigolion lleol eu trin gan newyddiadurwyr Llundain? Beth oedd rhan Charles Dickens yn y stori? Cewch atebion i'r cwestiynau yma a mwy wrth ddarllen a thrafod y llyfr hwn.

Gwlad! Gwlad!

'Gwlad! Gwlad! Pleidiol wyf i'm gwlad ...'
Mae cannoedd ar filoedd o Gymry'n gwybod y geiriau hyn. Maen nhw'n rhan o'n hanthem genedlaethol ni. Ond faint ohonon ni sy'n gwybod hanes creu'r anthem?
Mae'r anthem yn sôn am 'enwogion o fri', ac yn sicr, mae Cymru wedi cynhyrchu llawer o bobl enwog iawn.
Drwy ddarllen y llyfr hwn cewch ddod i wybod mwy am gân sy'n bwysig iawn i ni fel Cymry.

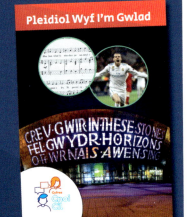

Pleidiol Wyf I'm Gwlad

Bai ar Gam?

Na! Bai ar Gam?

Roedd haf 1831 yn gyfnod cythryblus iawn yn hanes tref Merthyr Tudful. Tybed a wyddoch chi am hanes y gwrthryfel? Pwy oedd yn gyfrifol amdano? A pha ŵr ifanc 23 oed gafodd fai ar gam? Cewch atebion i'r cwestiynau yma a mwy wrth ddarllen a thrafod y llyfr hwn.

Taniwch yr injan!

Mae Rali Cymru-GB yn ddigwyddiad rhyngwladol sy'n mynd â'r gyrwyr enwocaf yn y byd drwy goedwigoedd Eryri, Sir Ddinbych a chanolbarth Cymru. Tybed a wyddoch chi am hanes y rali? Pa geir a ddefnyddir? Pwy sy'n cystadlu? Cewch atebion i'r cwestiynau yma a mwy wrth ddarllen a thrafod y llyfr hwn.

Rali Cymru GB

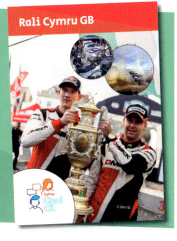

C'mon Cymru!

Cymru a'r Bêl Gron

Roedd haf 2016 yn gyfnod cyffrous iawn yn hanes ein tîm pêl-droed cenedlaethol. Tybed a wyddoch chi am hanes y gêm, rhai o'r chwaraewyr disgleiriaf a phwy sefydlodd y Gymdeithas Bêl-droed yng Nghymru? Cewch atebion i'r cwestiynau yma a mwy wrth ddarllen a thrafod y llyfr hwn.